Célia Buarque

L'importanza dell'analisi economico-finanziaria: un caso di studio

عن الكاتب:

محمد ابوالفيش بدأ تنفيذ المشاريع في سن صغيرة، كذلك درس ماجستير في ريادة الأعمال من أقوى جامعة في أمريكا الشمالية في مجال الابتكار، كما حصل على ثلاث جوائز في كندا وهي كالتالي:

- ✓ PLAN It, *أفضل خطة أعمال,* McMaster University's **Xerox Center for Engineering** in the Entrepreneurship & Innovation Factory.

- ✓ *Eco-Challenge,* التحدي الايكولوجي Green Room AC-Second Place, **McMaster University**.

- ✓ *Innovation Fair Pitch Competition,* مسابقة معرض الابتكارات Efficient AC-Third Place, **Waterloo University 2010**.

كذلك هو حاصل على شاهدة مدير مشاريع محترف
PMP

Célia Buarque

L'importanza dell'analisi economico-finanziaria: un caso di studio

Due ristoranti a Natal/RN

ScienciaScripts

Imprint

Any brand names and product names mentioned in this book are subject to trademark, brand or patent protection and are trademarks or registered trademarks of their respective holders. The use of brand names, product names, common names, trade names, product descriptions etc. even without a particular marking in this work is in no way to be construed to mean that such names may be regarded as unrestricted in respect of trademark and brand protection legislation and could thus be used by anyone.

Cover image: www.ingimage.com

This book is a translation from the original published under ISBN 978-620-2-18878-4.

Publisher:
Sciencia Scripts
is a trademark of
Dodo Books Indian Ocean Ltd. and OmniScriptum S.R.L publishing group

120 High Road, East Finchley, London, N2 9ED, United Kingdom
Str. Armeneasca 28/1, office 1, Chisinau MD-2012, Republic of Moldova, Europe
Printed at: see last page
ISBN: 978-620-6-23963-5

SOMMARIO

L'obiettivo generale di questo articolo è analizzare i bilanci della società Alpha e confrontarli con quelli della società Beta, nel periodo compreso tra il 2013 e il 2015. L'analisi si baserà sui bilanci economici e finanziari delle aziende e affronterà le seguenti tecniche di valutazione: analisi orizzontale e verticale, nonché grado di liquidità, indebitamento e redditività delle aziende. Sono stati utilizzati bilanci e Dre di due aziende del settore della ristorazione (self service), situate a Natal/RN. Si conclude che gli indicatori di liquidità, indebitamento e redditività delle due aziende sono ben bilanciati e che il fattore di insolvenza mostra che le due aziende hanno un elevato fattore di solvibilità, e la società Beta spicca in questo senso.

Parole chiave: Analisi economico-finanziaria. Indicatori finanziari. Ristoranti.

SOMMARIO

CAPITOLO 1

INTRODUZIONE

Dal 2008 le prospettive economiche globali non sono state molto favorevoli. Anche gli Stati Uniti, considerati la maggiore potenza mondiale, hanno subito gli effetti della crisi. Secondo il sito Economia (2017), la fiducia che le istituzioni finanziarie americane hanno riposto in clienti senza la zavorra di pagare i loro debiti è stata eccessiva, concedendo loro finanziamenti "subprime" ad alto rischio che poi non sono stati in grado di onorare con i pagamenti. L'effetto a catena si fa sentire a causa della globalizzazione: meno denaro sul mercato, meno acquisti dai Paesi che forniscono materie prime, cibo, ecc.

Secondo Santinon (2017), "circa dieci anni fa la Grecia registrava disavanzi inferiori a quelli reali, che hanno contribuito a portare il Paese alla crisi attuale. In questo periodo c'era un notevole indebitamento pubblico e privato". Sebbene geograficamente distante, il Brasile, che si diceva soffrisse solo di un "maremoto", dalla fine del 2014 ha già iniziato a mostrare segni di recessione.

Diverse aziende stanno chiudendo, risentendo dell'effetto a catena della crisi esterna e di una similitudine con la crisi greca - un gigantesco deficit pubblico e privato, che ha portato diversi settori, come l'edilizia, il settore dei servizi, tra cui il cibo fuori casa, a una grave recessione. L'aumento della disoccupazione con la conseguente diminuzione del potere d'acquisto della popolazione ha costretto a cambiare le proprie abitudini di consumo, il che ha fatto sì che i ristoranti iniziassero a cercare alternative per sopravvivere a questo momento. Tra le misure adottate c'è la gestione responsabile delle proprie risorse, e tra queste, o principalmente, le risorse finanziarie.

Hanno iniziato a controllare meglio, o almeno a cercare di fare qualche tipo di riduzione degli sprechi, miglioramenti nel controllo delle spese, riduzione dei costi e riduzione del numero di dipendenti, ma senza una grande pianificazione e analisi degli indicatori. L'analisi economica e finanziaria in Brasile, avendo come scenario le Piccole Imprese (PPE) - dimensione delle aziende che

3

saranno oggetto dell'articolo - è qualcosa di poco esplorato. Se, da un lato, queste informazioni non sono così realistiche a causa del grado di formalizzazione dei processi e dei controlli, dall'altro c'è la limitazione delle risorse (o della visione degli imprenditori) per assumere professionisti formati per svolgere questo lavoro.

Quindi, approfittando dello scenario pessimistico e della visibile necessità di questi indicatori, si tratta di una cultura che deve essere implementata con urgenza, nonostante l'importanza di avere informazioni che possano aiutare i manager nell'amministrazione delle loro aziende, oltre che per cercare di aumentare la sopravvivenza delle imprese. Secondo l'articolo intitolato "Crisis has affected the life of companies, IBGE shows" del giornalista di Época.Globo.com (2017) Luís Lima, a partire dal 2008, si cita l'indagine dell'IBGE rilasciata il 14/09/2016, che rivela che "delle 694.500 aziende create nel 2009 si è passati dal 77% nel 2010 al 39% nel 2014 - ovvero, tre aziende su cinque hanno chiuso i battenti dopo cinque anni." Un altro dato importante, secondo l'EMPRESÔMETRO (2017) dell'Istituto Brasiliano di Pianificazione e Fiscalità (IBPT), è che il numero di aziende nel Paese raggiunge 17.648.017, mentre la percentuale di MPE esistenti in Brasile corrisponde al 92,2% di questo totale (15.513.046) e all'interno di questo universo le PPE rappresentano solo il 2%.

Nel segmento del cibo fuori casa, ma in particolare dei ristoranti, si registra una contrazione nella variazione delle nuove imprese: Brasile - dal 2014 al 2015 con un aumento del 10,85%, sceso all'8% nel periodo 2015/2016 e fino al 29/11/16 solo il 2% di variazione. In RN - dal 2014 al 2015 con un aumento del 13,57%, sceso al 9% nel periodo 2015/2016 e fino al 29/11/16 solo del 2,58%, leggermente migliore della media del Brasile. In NATAL - dal 2014 al 2015 con un aumento del 12,63% (migliore della media brasiliana, ma inferiore a RN), scendendo al 9% nel periodo 2015/2016 e fino al 29/11/16 solo una variazione del 2,66% (migliore della media brasiliana e di RN). Uno scenario pessimistico affrontato dal settore a causa della crisi economico-politica in cui è piombato il Paese e soprattutto questo segmento.

Secondo Souza (2015) la spesa dei brasiliani è significativa, circa il 31% del loro budget è destinato al settore del cibo fuori casa (FHL), con differenze percentuali che tengono conto della

4

classe sociale: la classe A si riserva ^ di questo totale, la classe B 1/3, la C spende il % e la D ed E

qualcosa intorno a 1/5. Nonostante la crisi economica, i brasiliani hanno continuato a frequentare i

ristoranti, ma con un nuovo profilo: hanno ridotto i consumi e cercato esercizi con scontrini medi più

bassi. I ristoranti con uno scontrino medio compreso tra R$ 30,00 e R$ 70,00 hanno registrato un calo

del fatturato di circa il 30%. Quelli con uno scontrino medio fino a 20,00 R$ hanno registrato un

aumento dal 5 al 15%, il che denota una preferenza per le aziende con servizi e prodotti più semplici

ed economici.

Secondo il Panel Nazionale dei Servizi SEBRAE (2017), basato su una ricerca del 2014, il

numero di stabilimenti PPE esistenti - Piccole Imprese - per il settore del cibo fuori casa in Brasile è

di 23.205, RN 272 e Natal 172. Già in una recente indagine sul settore dei servizi della

Confederazione Nazionale del Commercio di Beni, Servizi e Turismo, intitolata CNC prevede un

calo del 4% del fatturato del settore dei servizi nel 2016 (CNC, 2016A), il settore è stato penalizzato

dalla lenta ripresa dell'attività economica "[...] dovrebbe avere la sua peggiore performance [...]: dal

2012 al 2016 (ott), ma in relazione ai servizi di alloggio e ristorazione le prospettive sono piuttosto

fosche, poiché nel 2015 la ritrazione è stata del -5,5% contro il -5,1 degli ultimi 12 mesi (base

agosto/2016)". CNC (2016B).

Il presente studio si occupa dell'elaborazione degli indicatori economico-finanziari di due

ristoranti PPE (Small Business, optando per SIMPLES), nel periodo compreso tra il 2013 e il 2015,

stabiliti a Natal/RN, con quasi 30 anni di esistenza e considerati riferimenti nel tipo di servizio che

offrono - self service. Verranno creati parametri indicativi di liquidità, indebitamento e redditività per

supportare il processo decisionale dei gestori. Sebbene i ristoranti qui studiati dispongano di bilanci,

non li analizzano come sussidio per le azioni di gestione.

L'obiettivo generale di questo articolo è analizzare i bilanci della società Alpha e confrontarli

con quelli della società Beta, nel periodo 2013-2015.

CAPITOLO 2

QUADRO TEORICO

1.1 CONCETTO, IMPORTANZA E FINALITÀ DELLE ANALISI DI BILANCIO.

L'analisi economico-finanziaria ha lo scopo di misurare la performance dell'azienda e la sua capacità di far fronte agli oneri e agli altri obblighi, oltre a poter sovvenzionare i gestori con indicatori e quindi confrontarli con i numeri del mercato in cui sono inseriti.

Secondo Costa et al. (2009), analizzare significa estrarre dai bilanci e da altre relazioni le informazioni degli ultimi anni, al fine di interpretare, su una scala temporale, tenendo conto dei termini quantitativi, quali sono stati gli impatti causati dalle decisioni dei manager in termini di investimenti, operazioni e finanziamenti acquisiti.

L'importanza di fare questa analisi è quella di intravedere i percorsi strategici tracciati dall'azienda, qual è l'evoluzione (o la ritrazione) in un determinato periodo. Come avviene l'acquisizione e l'allocazione delle risorse in termini di efficienza. Assaf Neto (2010:8) afferma che "la gestione finanziaria aziendale è coinvolta sia nel problema delle risorse scarse sia nella realtà operativa e pratica della gestione finanziaria aziendale, assumendo una definizione più ampia".

Lo scopo è quello di scoprire quanto sia stata redditizia l'azienda in relazione al capitale impiegato, utilizzando a tal fine il confronto tra i profitti ottenuti in passato X l'ammontare del capitale impiegato per questa performance (attività). Gli utilizzatori dell'analisi economica e finanziaria sono molteplici: istituzioni finanziarie, azionisti, manager, clienti, concorrenti e fornitori. Ogni utente ha una visione diversa di queste informazioni; l'amministratore, ad esempio, si occupa delle decisioni di investimento, delle operazioni e dei finanziamenti già contratti in passato e di quale sia il rendimento storico presentato per l'azienda.

Costa et al. (2009) avvertono che non si può guardare a un singolo indice in modo isolato, ma piuttosto a un insieme di indici che possono essere correlati tra loro. Oltre a questo insieme di indici, è necessario analizzare il settore dell'azienda e le influenze macroeconomiche, l'evoluzione nel tempo

6

e il confronto con le aziende che partecipano allo stesso mercato.

La performance economica di un'azienda mostra il grado di competitività, ovvero la sua performance operativa. La performance finanziaria riflette il rendimento delle decisioni prese per finanziare l'attività, ovvero la capacità dell'azienda di far fronte ai propri impegni finanziari.

Tabella 1. Dichiarazioni contabili

RENDICONTI FINANZIARI	INFORMAZIONI FORNITE
Bilancio	Mostra la situazione, in un determinato periodo di tempo, di attività, passività e patrimonio netto.
Conto economico dell'esercizio	Mostra le entrate e le uscite di un determinato periodo.

Fonte: adattamento dell'autore da Assaf Neto (2010).

L'analisi si baserà sui bilanci economici e finanziari delle società Alpha e Beta e affronterà le seguenti tecniche di valutazione: analisi orizzontale e verticale, nonché grado di liquidità, indebitamento e redditività delle società. Dopo questa analisi verrà effettuato il confronto tra una società e l'altra. Servirà come diagnosi della posizione attuale e dimostrerà la tendenza di ciascuna.

1.2 TIPI DI ANALISI

Esistono diversi tipi di analisi dei bilanci, come l'analisi orizzontale e verticale, che sono facili da preparare e da capire, ma che da sole non rivelano la situazione economico-finanziaria dell'azienda. Indicatori di liquidità, attività, indebitamento e redditività. Quando si analizzano questi rapporti, si cerca di sapere se l'azienda è stata in grado di generare profitti (obiettivo economico) e se è stata in grado di onorare i propri impegni nel periodo corretto (obiettivo finanziario).

L'analisi orizzontale consente di misurare l'evoluzione di ciascun conto in un determinato periodo di tempo. In base all'anno immediatamente precedente, cioè come si è evoluto il 2014 rispetto al 2013 in un determinato conto, e così via. C'è stato un guadagno? C'è stata una perdita? Costa et al. (2009) concepiscono l'analisi orizzontale come "uno studio comparativo, in periodi di tempo consecutivi, dell'evoluzione dei conti che compongono il bilancio in analisi". In questo esempio, il totale delle attività ha avuto un'evoluzione del 7,6%.

7

Tabella 2 - Analisi orizzontale

	31.12.13(migliaia di R$)	AH - N° INDICE	31.12.14 (migliaia di R$)	AH - N° INDICE
TOTALE ATTIVITÀ	1965,60	100% (base)	2.115,80	107,6%
Attività correnti	1.322,80	100% (base)	1.463,10	110,6%
Attività non correnti	642,80	100% (base)	652,70	101,5%

Fonte: adattamento dell'autore da ASSAF NETO (2010).

L'analisi verticale confronta i valori dello stesso periodo, ma tenendo conto della composizione di ciascun conto rispetto al conto principale. Secondo Costa et al. (2009; p-59), l'obiettivo è quello di "[...] verificare l'evoluzione, nel tempo, della composizione percentuale dei principali conti dello stato patrimoniale (BP) e del conto economico (DRE)".

Tabella 3 - Analisi verticale

	2013	2014	2015
ATTIVITÀ CORRENTI	**40,4%**	**37,0%**	**41,2%**
Applicazioni finanziarie	2%	0%	13,2%
Crediti commerciali	24,1%	18,5%	14,2%
Le scorte	13,9%	17,7%	11,4%
Spese anticipate	0,4%	0,8%	2,4%

Fonte: adattamento dell'autore da COSTA et al (2009).

In questo esempio, il conto Crediti commerciali nel periodo 2013-2015 è il conto più significativo in termini di Attività correnti.

1.3 INDICATORI DI LIQUIDITÀ

Secondo Assaf Neto (2010), gli indicatori di liquidità sono utilizzati per analizzare la capacità di solvibilità dell'azienda, ossia la sua capacità di pagamento. A tal fine, si possono valutare l'immediato, il breve e il lungo termine. Si tratta del rapporto tra diritti realizzabili (entrate) e passività (uscite). Gli indicatori sono:

La LIQUIDITÀ CORRENTE (CL) indica quanto l'azienda dispone di liquidità, attività e diritti realizzabili nel breve termine rispetto alle obbligazioni in essere (debiti) nello stesso periodo (esercizio successivo), ovvero la sua capacità di pagamento.

$$\text{Liquidez Corrente} = \frac{\text{ATIVO CIRCULANTE}}{\text{PASSIVO CIRCULANTE}}$$

Interpretazione: maggiore di R$ 1,00 esistenza di capitale circolante netto positivo (capitale corrente); uguale a R$ 1,00 inesistenza di capitale circolante; minore di R$ 1,00 esistenza di capitale circolante netto negativo (attività correnti meno passività).

Corrente). Per questo indicatore, più alto è l'indice, maggiore è la capacità di pagamento a breve termine dell'azienda.

LIQUIDITÀ SECCA (LS) - Identifica ciò che l'azienda ha in liquidità e equivalenti (contanti, depositi bancari a vista e investimenti a breve termine), investimenti a breve termine e crediti commerciali, per onorare le sue obbligazioni a breve termine.

È la capacità di pagare i propri debiti solo con contanti e crediti commerciali. Questo indicatore si calcola in modo molto simile alla Liquidità corrente, con la differenza che la Liquidità secca esclude dal calcolo le scorte, che non hanno una liquidità compatibile con il gruppo di attività in cui sono inserite. Se l'azienda subisse un blocco totale delle vendite o se le sue scorte fossero obsolete, quali sarebbero le possibilità di pagare i debiti con la liquidità e i crediti commerciali?

$$\text{Liquidez Seca} = \frac{\text{ATIVO CIRCULANTE} - \text{ESTOQUES}}{\text{PASSIVO CIRCULANTE}}$$

Interpretazione: idealmente, dovrebbe essere uguale o superiore a R$ 1,00, in quanto si intende che per ogni R$ 1,00 di debito a breve termine (corrente), l'azienda mantiene R$ 1,00 di attività monetarie correnti.

Per questo indicatore, più alto è l'indice, maggiore è la capacità di pagamento a breve termine dell'azienda. Molto apprezzato dai valutatori esterni.

LIQUIDITÀ IMMEDIATA (LI) - Indica la liquidità disponibile (cassa, banche e investimenti a brevissimo termine) per il pagamento dei debiti a breve termine (passività correnti). Questo indicatore non distingue se il breve termine è di 5 giorni o di 360 giorni, il che non rappresenta efficacemente la disponibilità immediata. È necessaria un'analisi più approfondita di queste attività.

$$\text{Liquidez Imediata} = \frac{\text{DISPONÍVEL (caixa + bancos + aplicações de curtíssimo prazo)}}{\text{PASSIVO CIRCULANTE}}$$

Interpretazione: Capacità di pagare i debiti a breve termine. Più alto è l'indice, maggiori sono le risorse disponibili. Poco significativo per gli analisti esterni.

LIQUIDITÀ GENERALE (LG): indica quanto l'azienda dispone di liquidità, attività e diritti realizzabili nel breve e nel lungo periodo per far fronte ai debiti delle passività (totale dei debiti), cioè mostra la capacità di pagamento a lungo termine considerando tutto ciò che può essere convertito in liquidità nel breve e nel lungo periodo e il rapporto con i debiti già assunti totali.

$$LG = \frac{\text{ATIVO CIRCULANTE + ATIVO REALIZÁVEL A LONGO PRAZO}}{\text{PASSIVO CIRCULANTE + PASSIVO NÃO CIRCULANTE}}$$

Interpretazione: quanto più alto è l'indicatore, tanto maggiore è la capacità di pagamento della Società Alpha. Idealmente, l'indice non dovrebbe essere inferiore a 1,00. Quanto l'azienda possiede in Attività correnti e Attività a lungo termine per ogni 1,00 R$ di debito totale.

1.4 INDICATORI DI ATTIVITÀ

Secondo Silva (2017), l'analisi della rotazione delle attività o degli indicatori di attività valuta gli aspetti della gestione aziendale in relazione alle politiche di stoccaggio, finanziamento degli acquisti e finanziamento dei clienti. Serve a misurare la velocità con cui i vari conti vengono convertiti in vendite o liquidità, cioè a rivelare la velocità con cui alcuni elementi dell'attività ruotano durante l'anno (Ciclo operativo). Secondo Salazar (2010), il ciclo operativo viene conteggiato dal "periodo di tempo che intercorre tra l'acquisizione delle materie prime e l'assunzione di manodopera per il suo processo produttivo fino al momento in cui riceve il pagamento in contanti per le vendite".

L'efficienza o l'intensità con cui l'azienda utilizza i propri beni per generare vendite.

STOCK TURNOVER (SW) - Indica il numero di volte in cui le scorte sono state ribaltate a causa delle vendite. Questo indice rivela la liquidità delle scorte dell'azienda, cioè indica quante volte le scorte vengono vendute e riacquistate durante l'esercizio. Finché non c'è carenza di scorte, e quindi non ci sono ordini non evasi, più alto è questo indice, più efficiente è la gestione delle scorte. Un modo per aumentare la rotazione delle scorte è quello di mantenerle molto ridotte.

$$GE = \frac{\text{CUSTO DA MERCADORIA VENDIDA}}{\text{ESTOQUE}}$$

TEMPO MEDIO DI RINNOVO DELLE SCORTE (ASRT): indica il tempo medio impiegato dall'azienda per rinnovare le scorte, ovvero quanti giorni sono stati necessari per trasformare il prodotto o la materia prima acquistati in vendite. Più questo periodo è breve, meglio è.

$$PMRE = \frac{360}{\text{GIRO DO ESTOQUE}}$$

TURNOVER DEI CREDITI (ACR): indica la frequenza con cui l'azienda gira i propri crediti. Esamina la rapidità con cui le vendite effettuate possono essere riscosse. In linea di principio, più alto è il turnover dei crediti, meglio è per l'azienda.

$$GCR = \frac{\text{RECEITA LÍQUIDA}}{\text{CONTAS A RECEBER}}$$

PERIODO MEDIO DI RICEVIMENTO (ARP): il periodo medio di ricevimento è il periodo che intercorre tra il momento in cui vengono effettuate le vendite e il momento in cui queste vengono pagate. Indica il tempo medio (giorni) che l'azienda impiega per ricevere le vendite.

Più è lungo, più tempo l'azienda concede ai suoi clienti. L'azienda dovrebbe cercare, quando possibile, di accorciare il periodo di ricezione delle vendite. Questo accelera il flusso di cassa. È utile per valutare le politiche di credito e di incasso dell'azienda.

$$PMR = \frac{360}{\text{GIRO DO CONTAS A RECEBER}}$$

TURNOVER DEI DEBITI (APT): indica la frequenza con cui l'azienda rinnova i debiti verso

i fornitori. In linea di principio, più basso è il turnover dei debiti, meglio è per l'azienda.

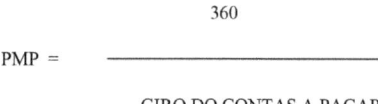

$$GCP = \frac{\text{COMPRAS}}{\text{CONTAS A PAGAR (FORNECEDORES)}}$$

PERIODO MEDIO DI PAGAMENTO (APP): indica il tempo (numero di giorni) che

l'azienda impiega per pagare i propri fornitori. Esprime il tempo necessario ai fornitori per finanziare

il capitale circolante dell'azienda. Più alto è questo indice, meglio è per l'azienda, ma a patto che non

incorra in ritardi per non incorrere nel pagamento di interessi di mora.

$$PMP = \frac{360}{\text{GIRO DO CONTAS A PAGAR}}$$

1.5 INDICATORI DEL DEBITO

Indicano la capacità dell'azienda di far fronte ai propri obblighi a lungo termine o il suo grado

di leva finanziaria. Esprimono il rapporto tra le fonti di capitale dell'azienda, cioè il capitale proprio

e il capitale di terzi. Sono noti anche come indici di indebitamento, solvibilità a lungo termine o

struttura finanziaria. Secondo Fonseca (2009) "un'azienda prende in prestito denaro a breve termine

per finanziare il proprio capitale circolante o a lungo termine per acquistare macchinari e

attrezzature".

Indice di indebitamento generale (GEI) o Livello di indebitamento (ED): servono a guidare il

processo decisionale dell'azienda in relazione all'ottenimento e all'investimento di risorse.

Rappresentano il grado di indebitamento della stessa. Ovvero il rapporto percentuale tra il capitale

proprio e il capitale di terzi.

Quanto più alto è questo rapporto, tanto maggiore è il grado di indebitamento dell'azienda e

la sua leva finanziaria. Questo rapporto indica, in termini percentuali, la quota di attività e diritti

dell'azienda finanziata da capitale di terzi. Più basso è, meglio è.

PASSIVO EXIGÍVEL

$$IEG = \frac{PASSIVO\ EXIGÍVEL}{TOTAL\ DE\ ATIVOS} \times 100$$

TOTAL DE ATIVOS

Più alta è questa percentuale, più basso è il capitale di terzi.

PATRIMÔNIO LÍQUIDO

$$IIF = \frac{PATRIMÔNIO\ LÍQUIDO}{PASSIVO\ EXIGÍVEL + PL} \times 100$$

PASSIVO EXIGÍVEL + PL

INDICE DI STRUTTURA DEGLI INVESTIMENTI: indica, in percentuale, la percentuale degli investimenti totali a lungo termine. Più è alto, maggiore è la quantità di investimenti a lungo termine.

ATIVO NÃO CIRCULANTE

$$IEI = \frac{ATIVO\ NÃO\ CIRCULANTE}{TOTAL\ DE\ ATIVOS} \times 100$$

TOTAL DE ATIVOS

1.6 INDICATORI DI REDDITIVITÀ

Interpretano la performance complessiva dell'azienda e la sua capacità di generare profitti. Il rendimento dell'investimento effettuato nell'azienda. Questi indicatori sono particolarmente interessanti da analizzare per investitori, azionisti e manager. Secondo Fonseca (2009), per analizzare la redditività bisogna innanzitutto guardare alle attività, a come sono state impiegate e se l'azienda riesce ad aumentare la produttività sarà in grado di ridurre o almeno tenere sotto controllo le spese.

GROSS MARGIN (GM): misura la percentuale di ogni vendita in unità monetarie che rimane dopo che l'azienda ha pagato i suoi prodotti. Più l'indice è alto, meglio è.

LUCRO BRUTO

$$MB = \frac{LUCRO\ BRUTO}{RECEITA\ LÍQUIDA} \times 100$$

RECEITA LÍQUIDA

MARGINE OPERATIVO (OM): misura la percentuale di ogni vendita in unità monetarie che rimane dopo che l'azienda ha pagato tutti i costi e le spese (tranne gli interessi e le imposte sul reddito). Più è alto, meglio è.

$$MO = \frac{\text{LUCRO OPERACIONAL (LAJIR)}}{\text{RECEITA LÍQUIDA}} \times 100$$

MARGINE NETTO (ML): misura la percentuale di ogni vendita in unità monetarie che rimane dopo che l'azienda ha pagato tutti i costi e le spese, compresi gli interessi e le imposte sul reddito.

$$ML = \frac{\text{LUCRO LÍQUIDO}}{\text{RECEITA LÍQUIDA}} \times 100$$

RETURN ON TOTAL ASSETS (ROA): misura l'efficienza complessiva dell'azienda nel generare profitti dalle attività disponibili. In linea di principio, più alto è il rendimento del capitale investito, meglio è per l'azienda.

$$ROA = \frac{\text{LUCRO LÍQUIDO}}{\text{TOTAL DE ATIVOS}}$$

RETURN ON EQUITY (ROE): misura il rendimento del capitale investito dai proprietari dell'azienda. In linea di principio, più alto è il rendimento del capitale proprio, meglio è per i proprietari.

$$ROE = \frac{\text{LUCRO LÍQUIDO}}{\text{PATRIMÔNIO LÍQUIDO}} \times 100$$

1.7 IL TERMOMETRO DELL'INSOLVENZA DI STEPHEN KANITZ

Secondo Kassai (2017) si tratta di un modello di previsione del fallimento, noto anche come fattore di insolvenza, creato dal Prof. Stephen Kanitz della FEA/USP.

$$F.Insolvência = 0,05X1 + 1,65X2 + 3,55X3 - 1,06X4 - 0,33X5$$

Onde:

$$X1 = \frac{Lucro\ Líquido}{Patrimônio\ Líquido}$$

$$X2 = \frac{Ativo\ Circulante + Re\ alizável\ a\ Longo\ Pr\ azo}{Passivo\ Circulante + Exigível\ a\ Longo\ Pr\ azo}$$

$$X3 = \frac{Ativo\ Circulante - Estoques}{Passivo\ Circulante}$$

$$X4 = \frac{Ativo\ Circulante}{Passivo\ Circulante}$$

$$X5 = \frac{Passivo\ Circulante + Exigível\ a\ Longo\ Pr\ azo}{Patrimônio\ Líquido}$$

Fonte: Kassai (2017)

Interpretazione: un'azienda classificata con un Insolvency Factor (IF) compreso tra 0 e 7 si trova nella fascia di solvibilità, cioè è sempre più lontana dall'ipotesi di fallimento; un'azienda classificata con un IF compreso tra 0 e -3 si trova nella cosiddetta "regione della penombra" (non definita), dove l'IF da solo non è sufficiente a determinare il rischio di fallimento dell'azienda. Un'azienda con un IF compreso tra -3 e -7 si trova nella zona di insolvenza, cioè in una situazione estremamente delicata che potrebbe portare al fallimento.

CAPITOLO 3

METODOLOGIA

Secondo Ander-Egg (1978:28), la ricerca è una "procedura di riflessione sistematica, controllata e critica, che permette di scoprire nuovi fatti o dati, relazioni o leggi, in qualsiasi campo della conoscenza". L'obiettivo di questo articolo è stato quello di analizzare i bilanci dell'azienda Alpha e di confrontarli con quelli dell'azienda Beta, nel periodo compreso tra il 2013 e il 2015, aziende che operano nel segmento del Food Away from Home - in due ristoranti della città di Natal/RN. Per quanto riguarda le finalità, il tipo di ricerca è di tipo esplicativo, perché "il suo obiettivo principale è quello di rendere intelligibile qualcosa, di giustificarne le ragioni. Pertanto, mira a chiarire quali fattori contribuiscono, in qualche modo, al verificarsi di un certo fenomeno". VERGARA (1998:45)

Per quanto riguarda i mezzi, è stato classificato come studio documentario perché, secondo Gil (2008:50-51) "la ricerca documentaria si basa su materiali che non hanno ancora ricevuto un trattamento analitico, o che possono ancora essere rielaborati in base agli obiettivi della ricerca", è stato bibliografico, perché "[...] si sviluppa a partire da materiale già preparato, costituito principalmente da libri e articoli scientifici" e anche, secondo Vergara (1998:50-51), uno studio sul campo perché ha raccolto dati nelle due aziende e anche uno studio di caso.È sviluppato a partire da materiale già preparato, costituito principalmente da libri e articoli scientifici" e, inoltre, secondo Vergara (1998:45-47), una ricerca sul campo perché ha raccolto dati nelle due aziende e, inoltre, uno studio di caso multiplo per la sua profondità e il suo dettaglio.

Per quanto riguarda le procedure, è classificata come *indagine,* secondo Collis (2005, p. 70-71) "è una metodologia positivista (metodo quantitativo) in cui un *campione di* soggetti viene prelevato da una *popolazione* e studiato per fare inferenze su quella popolazione", perché cerca di scoprire cosa, come e perché un fenomeno sta accadendo in una determinata popolazione. In questo studio, l'*indagine* analitica è stata utilizzata per "determinare se esiste una relazione tra diverse variabili". La scelta è stata fatta perché è stata effettuata una raccolta di documenti con i dirigenti di queste aziende, per l'elaborazione di diversi indicatori.

La natura di questa ricerca è quantitativa che "implica la raccolta e l'analisi di dati numerici e l'applicazione di test statistici" Collis (2005, p. 26) questo metodo per essere oggettivo e misurare i fenomeni è stato la motivazione della sua scelta. La popolazione o universo per questo studio, che secondo Anhembi (2015) è costituita da elementi con caratteristiche comuni, che consentono la possibilità di contare, pesare, misurare e/o ordinare e che costituiscono una base per l'indagine, sono stati due ristoranti, in due quartieri distinti di Natal/RN, entrambi con quasi trent'anni di attività e che offrono lo stesso servizio di pranzo *self-service*. Questa popolazione è stata scelta per la facilità di accesso ai gestori e per il tipo di servizio differenziato offerto ai clienti.

Il campione è la parte del tutto, cioè una parte della popolazione studiata. È possibile lavorare con un campione specifico, perché ha coperto il settore finanziario dei due ristoranti, perché secondo Marconi e Lakatos (2003:163) "Il campione è una porzione convenientemente selezionata dell'universo (popolazione); è un sottoinsieme dell'universo".

Per quanto riguarda la tecnica di raccolta dei dati, è stata effettuata attraverso l'analisi di documenti - bilanci (BP) e conti economici (DRE). Sono state effettuate visite *in loco* presso i ristoranti per richiedere la loro partecipazione all'articolo e rilasciare la documentazione necessaria. La raccolta è avvenuta di persona e ha restituito la quantità di tre bilanci e DRE di ciascuna azienda, per periodi compresi tra il 2013 e il 2015.

La tecnica di analisi e trattamento dei dati si è basata sull'applicazione di tecniche finanziarie, basate sui bilanci, tabulati in Excel, con l'elaborazione di tabelle e grafici, degli indicatori già elencati, e ha effettuato il confronto tra le due aziende, i cui dati sono presenti nei risultati.

CAPITOLO 4

ANALISI DEI RISULTATI

I risultati trovati sono elencati di seguito, e per questo sono stati analizzati i principali indicatori e i conti e sottoconti più significativi, tenendo conto dell'impatto percepito tra gli anni dal 2013 al 2015 e anche del confronto tra le due società.

4.1 ANALISI VERTICALE O STRUTTURALE DELLO STATO PATRIMONIALE E DEL CONTO ECONOMICO

Questo tipo di analisi è importante per valutare la struttura compositiva degli articoli e la loro posizione nel tempo. La percentuale di ogni conto mostra la sua reale importanza nell'insieme, nello stesso anno e rispetto agli anni successivi.

L'Analisi Verticale si basa sui valori percentuali del bilancio: l'obiettivo è mostrare l'importanza di ogni conto in relazione al bilancio a cui appartiene e, attraverso il confronto con gli standard di settore o con le percentuali dell'azienda negli anni precedenti, permettere di dedurre se ci sono voci fuori dalle proporzioni normali.

Tabella 4 - Stato patrimoniale - Attività

Periodo 2013-2015

Bilancio	2013		2014		2015	
	Vert. Analisi Azienda Alfa	Vert. Analisi Azienda Beta	Analisi Vert. Azienda Alfa	Vert. Analisi Azienda Beta	Analisi Vert. Azienda Alfa	Analisi Vert. Azienda Beta
Attivo	100,00%	100,00%	100,00%	100,00%	100,00%	100,00%
Attività correnti	86,46%	95,13%	93,43%	96,97%	94,88%	97,51%
Disponibile	19,48%	24,39%	15,86%	15,49%	15,44%	11,74%
Scatola	1,42%	24,34%	2,77%	14,12%	3,08%	10,66%
Banche	2,26%	0,05%	0,01%	1,37%	0,01%	0,40%
Applicazioni finanziarie	15,81%	0,00%	13,08%	0,00%	12,36%	0,68%
I clienti	64,17%	69,44%	73,67%	80,55%	75,44%	83,97%
Le scorte	2,74%	1,23%	3,67%	0,72%	3,69%	1,59%
Attività non correnti	13,54%	4,87%	6,57%	3,03%	5,12%	2,49%
Immobilizzazioni	13,54%	4,87%	6,57%	3,03%	5,12%	2,49%

Fonte: Bilanci forniti dalle aziende e redatti dall'autore.

Il conto **disponibile** (che comprende cassa, banche e investimenti finanziari) mostra rispettivamente il 19,48%, il 15,86% e il 15,44% per la società Alfa. I valori sono concentrati negli investimenti finanziari (15,81%; 13,08% e 12,36%), ma mostrano una forte tendenza al ribasso dal 2013 al 2014 e mantengono il calo nel 2015, ma con minore pendenza. L'azienda Beta, con il 24,39%, il 15,49% e l'11,74% rispettivamente, è concentrata nel conto cassa, e solo nel 2015 ha presentato lo 0,68% in investimenti finanziari, il che suggerisce una perdita di opportunità dovuta alla mancata remunerazione del capitale. La perdita di opportunità secondo Assaf Neto (2010, p. 147) "è la migliore alternativa disponibile che è stata sacrificata. È quanto non si è riusciti a guadagnare [...]".

L'importo maggiore dell'**attivo** (corrispondente ai beni e ai diritti dell'azienda) si trova nel conto **Clienti** con una variazione del 64,17%, 73,67% e 75,44% nei tre anni per la società Alfa. In genere si tratta di crediti da carte di credito, con un tempo medio di incasso di 30 giorni, e da carte di debito, con un tempo medio di 1 giorno. Per quanto riguarda la società Beta, 69,44%, 80,55% e 83,97%.

Nell'**Attivo non corrente,** il conto delle **immobilizzazioni** (beni e relativi ammortamenti) mostra un forte calo della variazione anno dopo anno per entrambe le società. Ciò potrebbe denotare una vendita o un'obsolescenza dei beni attraverso questo indicatore, dato che in esso viene calcolato l'ammortamento, e suggerisce che non c'è un rinnovo dei beni.

In relazione alle PASSIVITÀ, il conto con maggiore espressività e con un trend in crescita è quello del **Patrimonio netto** (che presenta il patrimonio netto dell'azienda), con maggiore espressività nel conto della **Riserva di utili** con 82,79% nel 2013, 87,54% nel 2014 e 88,50 nel 2015, questo per la società Alpha. Tuttavia, in relazione alla Società Beta abbiamo l'88,49% nel 2013, una crescita al 91,62% nel 2014 e un calo nel 2015 al 90,28% (anno di recessione quindi non c'è molto da sorprendersi, anche se la Società Alpha ha un trend di crescita in tutti i periodi. Nel caso delle **Passività correnti** (debiti e obbligazioni) che rappresentano il 13,98%; il 10,39% e il 9,33% (Società Alpha). Il conto con maggiore espressività è quello dei **Fornitori** con il 4,11%; 2,94% e 2,72%, ma con una tendenza alla diminuzione che riflette la riduzione del capitale di terzi. L'azienda Beta presenta 7,74%; 5,71% e 7,33%, in calo rispetto al 2013 e al 2014, ma con valori elevati nel 2015 e quasi al livello del 2013. Un altro conto espressivo è quello degli Obblighi fiscali da riscuotere con il

4,4%; 2,01% e 1,65%, con la stessa tendenza al ribasso, per la Società Alpha. In relazione alla Società

Beta 1,20%; 0,97% e 1,65%.

Tabella 5 - Stato patrimoniale - Passivo

Periodo 2013-2015 - Conti principali

Bilancio	2013		2014		2015	
	Analisi Vedi	Analisi del Vert	Ver. Analisi.	Analisi del Vert	Ver. Analisi.	Analisi del Vert
	.alfa	. Beta	Alfa	. Beta	Alfa	. Beta
Passivo	**100,00%**	**100,00%**	**100,00%**	**100,00%**	**100,00%**	**100,00%**
Passività correnti	13,98%	7,74%	10,39%	5,71%	9,33%	7,33%
Fornitori	4,11%	2,85%	2,94%	1,90%	2,72%	2,56%
debiti fiscali da pagare	4,44%	1,20%	2,01%	0,97%	1,65%	0,90%
Passività non correnti	**0,00%**	**0,00%**	**0,00%**	**0,00%**	**0,00%**	**0,00%**
Patrimonio netto	**86,02%**	**92,26%**	**89,61%**	**94,29%**	**90,67%**	**92,67%**
Capitale sociale	3,22%	3,77%	2,06%	2,67%	2,17%	2,39%
Riserva di utili	82,79%	88,49%	87,54%	91,62%	88,50%	90,28%

Fonte: Bilanci forniti dalle aziende e redatti dall'autore.

La DRE - Conto economico dell'esercizio evidenzia che i conti che

impatto maggiore sui ricavi netti sono: Il **conto delle spese generali**, al primo posto, con il 31,94%, il 29,22% e il 35,67%, a dimostrazione del fatto che c'è stato un aumento significativo di questo conto, nell'anno 2015, nella società Alpha, mentre per la società Beta le cifre sono del 30%; 28,50% e 46%, un aumento ancora maggiore rispetto alla società Alpha.

In relazione al **costo del venduto (CMV)** con il 32,78%, tuttavia questo CMV è diminuito

negli anni (24,14% e 21,73%) per la società Alfa. Già per la Beta i numeri del CMV sono 25,16%;

24,40% e 26,93%, cioè presenta un aumento nei due conti che più incidono sul profitto dell'azienda.

Tabella 6 - Conto economico - DRE

Periodo 2013-2015 - Conti principali

Conto economico	2013		2014		2015	
	Analisi Vedi	Analisi del Vert	Ver. Analisi.	Analisi del Vert	Ver. Analisi.	Analisi del Vert
	. Alfa	. Beta	Alfa	. Beta	Alfa	. Beta
Ricavi netti	**100,00%**	**100,00%**	**100,00%**	**100,00%**	**100,00%**	**100,00%**
CMV	32,78%	25,16%	24,14%	24,40%	21,73%	26,93%
Profitto lordo	**67,22%**	**74,84%**	**75,86%**	**75,60%**	**78,27%**	**73,07%**
Spese generali	31,94%	30,00%	29,22%	28,50%	35,67%	46,00%
Spese fiscali	4,76%	0,31%	0,08%	0,29%	2,65%	0,17%
LAJIR	**30,52%**	**45,23%**	**46,56%**	**46,81%**	**39,95%**	**27,00%**

Spese finanziarie	0,07%	0,30%	0,39%	0,32%	0,18%	0,25%
Reddito finanziario	0,15%	0,09%	0,29%	0,18%	0,24%	0,13%
Risultato operativo netto	**30,60%**	**44,42%**	**46,46%**	**46,67%**	**40,01%**	**26,52%**
Utile netto	**30,60%**	**44,42%**	**46,46%**	**46,67%**	**40,01%**	**26,52%**

Fonte: DRE fornite dalle aziende e preparate dall'autore.

L'**Utile netto** mostra un trend positivo per la Società Alpha tra il 2013 e il 2014 (30,60% e 46,46%), ma ha subito un calo nel 2015 mostrando una percentuale del 40,01% in relazione alle Entrate nette, ovvero del 100% riferito alle Entrate nette solo il 40,01% rappresenta l'Utile netto, riflettendo ancora una volta l'impatto delle Spese generali nel risultato dell'anno che è passato dal 29,22% del 2014 al 35,67% del 2015. Mentre i numeri della Società Beta sono 44,42%; 46,67% e 26,52%, con un calo significativo nel 2015.

4.1 ANALISI ORIZZONTALE O DI TENDENZA DELLO STATO PATRIMONIALE E DEL CONTO ECONOMICO

Lo scopo principale dell'analisi orizzontale è quello di evidenziare la crescita delle voci dello Stato Patrimoniale e del D.R.E (nonché di altri prospetti) attraverso i periodi, al fine di caratterizzare le tendenze. In altre parole, l'evoluzione di ciascun conto mostra i percorsi intrapresi dall'azienda e le possibili tendenze.

Si basa sull'evoluzione di ciascun conto di una serie di bilanci rispetto al bilancio precedente e/o rispetto a un bilancio di base, di solito il più vecchio della serie. Da un anno all'altro. In questo caso specifico, la base di confronto è il 2013 (100%) rispetto agli altri anni, di quanto questo 100% è variato verso l'alto o verso il basso (percentuale negativa).

Tabella 7 - Stato patrimoniale - Attività

Periodo 2013 (anno base per il confronto), 2014-2015 - Conti principali

Bilancio	2013		2014		2015	
	Analisi. Hor.	Analisi. Hor.	Analisi. Hor.	Analisi. Hor.	Analisi. Hor.	Analisi. Hor.
	Alfa	Beta	Alfa	Beta	Alfa	Beta
Attivo	100%	100%	56%	41%	-5%	12%
Attività correnti	100%	100%	69%	44%	-4%	13%
Disponibile	100%	100%	27%	-11%	-8%	-15%
Scatola	100%	100%	205%	-18%	6%	-15%
Banche	100%	100%	-99%	3867%	0%	-67%
Applicazioni finanziarie	100%	100%	29%	0%	-10%	0%
I clienti	100%	100%	79%	63%	-3%	17%
Azioni	100%	100%	109%	-18%	-4%	148%
Attività non correnti	100%	100%	-24%	-13%	-26%	-8%
Immobilizzazioni	100%	100%	-24%	-13%	-26%	-8%

Fonte: Bilanci forniti dalle aziende e redatti dall'autore.

Analizzando l'attivo patrimoniale, si può notare che l'anno 2014 è stato favorevole all'azienda Alfa con un aumento del 56% rispetto al 2013, ma nel 2015 si è registrato un andamento sfavorevole

21

con una riduzione dell'attivo patrimoniale del 5% rispetto al 2014. Poiché l'azienda ha un andamento positivo negli anni precedenti, questo indicatore da solo non è preoccupante. Anche la società Beta ha avuto un andamento favorevole nel 2013 e nel 2014 con un incremento del 41% e nel 2015 è rimasta in crescita del 12%.

Nel conto **disponibile, la** società Alpha mostra un aumento del 27% nel 2014 e dell'8% nel 2015. L'azienda Beta mostra un calo dell'11% nel 2014 e continua a scendere del 15% nel 2015. Il sottoconto **Liquidità** presenta valori molto espressivi, con un aumento del 205% nel 2014 e del 6% nel 2015. La società Beta presenta già un calo del 18% nel 2014 e continua a scendere del 15% nel 2015.

Il conto delle **Banche ha registrato un** andamento sfavorevole, con una contrazione del 99% nel 2014, rispetto al 2013, e nessuna crescita nel 2015. Per la Società Beta si è registrato un aumento straordinario del 3.867% e un calo del 67% nell'anno successivo (2015). Nelle **Applicazioni Finanziarie** si registra un aumento del 29% nel 2014, rispetto al 2013, e un nuovo calo del 10% nel 2015, base 2014 nel caso dell'Azienda Alpha. L'azienda Beta mostra di non investire abitualmente le proprie risorse, ma di mantenere i saldi più consistenti sul conto corrente bancario, il che genera una perdita di opportunità.

Il conto **Clienti** della Società Alfa rafforza quanto emerso dall'analisi verticale: una crescita molto visibile dell'aumento dei crediti da carte di credito/debito. Si tratta di un aumento del 79% nel 2014, base 2013; e di un calo del 3% nel 2015, base 2014. In relazione alla Società Beta si registra un aumento del 63% nel 2014 e del 17% nel 2015.

In relazione al **Passivo** si può osservare che la società Alfa nel Passivo ha avuto un incremento del 56% nel 2014 e una contrazione del 5% nel 2015. I conti che hanno inciso maggiormente su questa crescita sono stati i Fornitori con un aumento del 12%, ma diminuiti nella stessa percentuale nel 2015; per quanto riguarda invece i Debiti l'aumento è stato del 16% nel 2014 e del 308% nel 2015. Già il Passivo aziendale Beta è aumentato del 41% (2014) e del 12% (2015). I conti con maggiore espressività sono i Fornitori con un calo del -6% (2014), ma con un aumento del 51% (2015). Per

22

quanto riguarda i debiti, l'aumento è stato del 7% (2014) e ha continuato a crescere del 9% (2015).

Tabella 8 - Stato patrimoniale - Passivo

Periodo 2013 (anno base per il confronto), 2014-2015 - Conti principali

Bilancio	2013		2014		2015	
	Analisi. Hor. Alfa	Analisi. Hor. Beta	Analisi. Hor. Alfa	Analisi Hor. Beta	Analisi. Hor. Alfa	Analisi. Hor. Beta
Passivo	100%	100%	56%	41%	-5%	12%
Passività correnti	100%	100%	16%	4%	-15%	44%
Fornitori	100%	100%	12%	-6%	-12%	51%
conti correnti passivi	100%	100%	16%	7%	308%	9%
Passività non correnti	100%	100%	0,00	0,00	0%	0,00
Patrimonio netto	100%	100%	65%	46%	-4%	10%
Riserva di utili	100%	100%	65%	46%	-4%	10%

Fonte: Bilanci forniti dalle società analizzate.

In relazione al Patrimonio netto, il conto che ha mostrato espressività è stato quello del

Riserva di utili con un aumento del 65% (2014) contro una contrazione del 4% (2015) per la società

Alpha. La società Beta ha registrato un aumento del 46% (2014) e del 10% (2015).

Per quanto riguarda la DRE, i ricavi lordi della società Alfa sono aumentati del 13% nel 2014

e sono diminuiti del 10% nel 2015. La Società Beta è aumentata del 4% (2014) ed è diminuita dell'1%

nel 2015. In relazione alle detrazioni sulle vendite, l'azienda Alfa ha avuto un aumento del 41%,

regredendo del 26% nel 2015. L'azienda Beta ha registrato un aumento del 10% nel 2014 e una

regressione dell'1% nel 2015. I ricavi netti della società Alpha sono aumentati del 10% (2014) e

diminuiti dell'8% (2015). L'azienda Beta è aumentata del 3% (2014) e diminuita dell'1% (2015).

Per quanto riguarda il costo del venduto, l'azienda Alpha è riuscita a ridurre le spese del 19%

nel 2014 e ha continuato a ridurle del 17% nel 2015. L'azienda Beta ha mantenuto lo stesso costo del

venduto del 2013, ma ha registrato un aumento del 9% nel 2015. In relazione all'utile lordo, l'azienda

Alpha ha registrato un aumento del 24%, a fronte di una riduzione del 5% nel 2015. L'azienda Beta

ha registrato un aumento del 4% e una diminuzione del 5% (2015).

Tabella 9 - Conto economico - DRE

Periodo 2013 (anno base per il confronto), 2014-2015 - Conti principali

Conto economico	2013		2014		2015	
	Analisi. Hor. Alfa	Analisi. Hor. Beta	Analisi. Hor. Alfa	Analisi Hor. Beta	Analisi. Hor. Alfa	Analisi. Hor. Beta
Ricavo lordo	100%	100%	13%	4%	-10%	-1%
Deduzioni sulle vendite	100%	100%	41%	10%	-26%	-1%

Ricavi netti	100%	100%	10%	3%	-8%	-1%
CMV	100%	100%	-19%	0%	-17%	9%
Profitto lordo	100%	100%	24%	4%	-5%	-5%
Spese generali	100%	100%	1%	-2%	13%	60%
Spese fiscali	100%	100%	-98%	-3%	2827%	-43%
LAJIR	100%	100%	68%	7%	-21%	-44%
Spese finanziarie	100%	100%	498%	12%	-56%	-23%
Reddito finanziario	100%	100%	116%	114%	-25%	-30%
Risultato operativo netto	100%	100%	67%	9%	-20%	-44%
Utile netto	100%	100%	67%	9%	-20%	-44%

Fonte: Bilanci forniti dalle società analizzate.

Gli indicatori più importanti osservati negli altri conti sono stati le spese generali della società Beta, che sono passate da un -2% (2014) a un aumento del 60% (2015). Le Spese fiscali della Società Alpha, da una riduzione del 98% nel 2014, sono passate a un aumento del 2.827% nel 2015. In relazione all'Utile netto si è registrato un aumento del 67% (2014) e una riduzione del 20% (2015) per la Società Alpha e un aumento del 9% (2014) e una riduzione del 44% (2015) per la Società Beta.

4.2 INDICI DI LIQUIDITÀ

Questi indicatori vengono utilizzati per analizzare la capacità di solvibilità dell'azienda, ovvero la sua capacità di pagamento. A tal fine, possono essere valutati l'immediato, il breve e il lungo termine. È il rapporto tra i diritti realizzabili (entrate) e le passività (uscite).

4.2.1 Liquidità corrente

Questo rapporto indica quanto l'azienda dispone di liquidità, attività e diritti realizzabili nel breve termine rispetto alle obbligazioni in essere (debiti) nello stesso periodo (esercizio successivo), ovvero la sua capacità di pagamento.

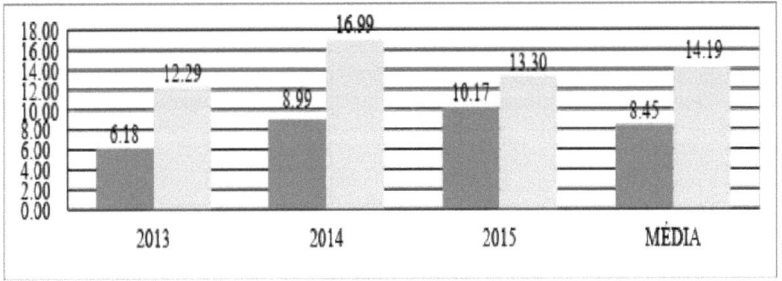

Grafico 1 - Liquidità corrente
Fonte: Dati forniti dalle aziende e preparati dall'autore. (2017)

La società Alfa presenta una liquidità corrente con un trend di crescita favorevole negli ultimi tre anni. Una media di 8,45 R$ per ogni 1,00 R$ di Passività correnti. Cioè, per ogni 1,00 di debito ha 8,45 R$ in più.

L'azienda Beta ha una liquidità corrente con un trend di crescita favorevole rispetto al 2013, ma nel 2015 c'è stata una ritrazione, tuttavia la media è ancora molto alta e superiore alla media dell'azienda Alpha. Cioè, per ogni 1,00 di debito ha 14,19 R$ in più.

4.2.2 Liquidità secca

Identifica ciò che l'azienda ha in liquidità e equivalenti (contanti, depositi bancari a vista e investimenti a breve termine), investimenti a breve termine e crediti commerciali, per onorare le sue obbligazioni a breve termine.

Questo indicatore è calcolato in modo molto simile alla Liquidità corrente, con la differenza che la Liquidità secca esclude dal calcolo le scorte di magazzino, che non hanno una liquidità compatibile con il gruppo di attività in cui sono inserite. Se l'azienda subisse un blocco totale delle vendite, o se le sue scorte fossero obsolete, quali sarebbero le possibilità di pagare i debiti con la liquidità e i crediti commerciali?

25

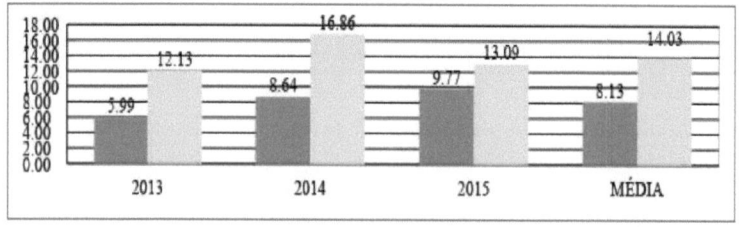

Grafico 2 - Liquidità secca
Fonte: Dati forniti dalle aziende e preparati dall'autore. (2017)

La società Alfa ha un rapporto molto espressivo e in crescita. Per ogni reale di passività correnti (spese) ci sono, in media, 8,13 di attività nette (ricavi).

La società Beta presenta un rapporto ancora migliore e in crescita rispetto al 2014, ma con un calo nel 2015, senza tuttavia presentare un rischio dovuto all'eccedenza. Per ogni reale di passività correnti (spese) ci sono 14,03, in media, di attività nette (entrate).

4.2.3 Liquidità immediata

Mostra le disponibilità liquide (cassa, banche e investimenti a brevissimo termine) disponibili per pagare i debiti a breve termine (passività correnti). Questo indicatore non distingue se il breve termine è di 5 giorni o di 360 giorni, il che non rappresenta effettivamente una disponibilità immediata. È necessaria un'analisi più approfondita di queste attività.

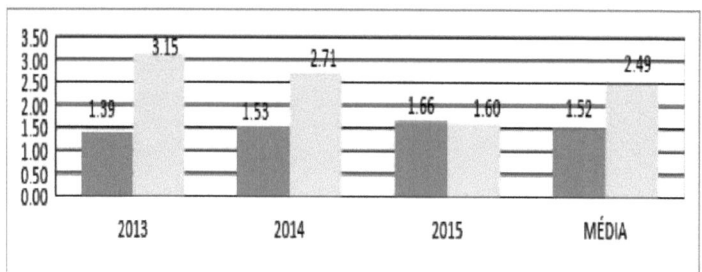

Grafico 3 - Liquidità immediata
Fonte: Dati forniti dalle aziende e preparati dall'autore. (2017)

La società Alfa ha in media il 152% del valore dei debiti a breve termine. L'andamento è

26

favorevole nel periodo analizzato.

La società Beta presenta una media migliore, pari al 249% del valore dei debiti a breve termine, ma l'andamento è sfavorevole in quanto mostra un calo nei tre anni. 315% nel 2013, 271% nel 2014 e solo 160% nel 2015. Un calo molto forte.

4.3. 4 Liquidità   generale

L'LG indica quanto l'azienda dispone di liquidità, attività e diritti realizzabili nel breve e nel lungo termine per far fronte ai debiti delle passività (debiti totali), cioè mostra la capacità di pagamento a lungo termine considerando tutto ciò che può essere convertito in liquidità nel breve e nel lungo termine e il rapporto con i debiti già assunti totali. Più alto è l'indicatore, maggiore è la capacità di pagamento di Alpha Company. Idealmente, l'indice non dovrebbe essere inferiore a 1,00.

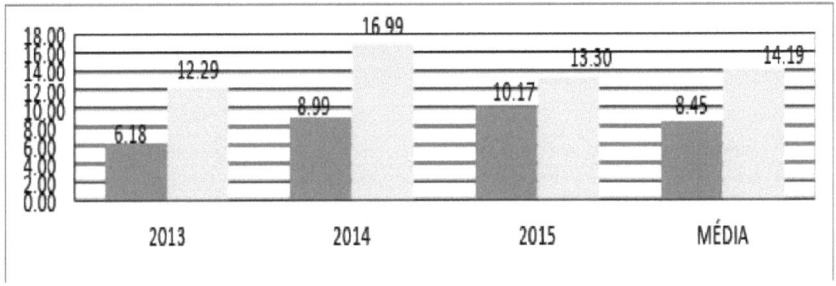

Grafico 4 - Liquidità generale
Fonte: Dati forniti dalle aziende e preparati dall'autore. (2017)

La società Alfa ha un indice molto positivo, con 8,45 R$ in media per ogni 1,00 R$ di debiti nel passivo. In altre parole, ha capitale sufficiente per pagare i debiti a lungo termine. E questa tendenza è favorevole se si considerano i tre periodi.

27

Anche la Società Beta ha un indice molto positivo con 14,19 R$ in media, per ogni 1,00 R$ di debito passivo, che dimostra una situazione favorevole, ma la tendenza mostra uno scenario opposto - sfavorevole - tenendo conto del calo presentato in relazione al 2015x2014. Ricordiamo che più l'indicatore è alto, meglio è.

4.4 INDICATORI DI ATTIVITÀ

Questo rapporto viene utilizzato per misurare la rapidità con cui i vari conti vengono convertiti in vendite o liquidità, ossia per rivelare la velocità con cui determinati elementi delle attività si trasformano nel corso dell'esercizio. Quanto efficientemente o intensamente l'azienda utilizza le proprie attività per generare vendite.

4.4.1 Turnover   del magazzino

Indica il numero di volte in cui le azioni si sono ribaltate a causa delle vendite. Questo indice rivela la liquidità delle scorte dell'azienda, cioè indica quante volte le scorte vengono vendute e riacquistate durante l'esercizio. Finché non c'è carenza di scorte, e quindi non ci sono ordini non evasi, più alto è questo indice, più efficiente è la gestione delle scorte. Un modo per aumentare la rotazione delle scorte è quello di mantenerle molto ridotte. Quanto più alto è il turnover, tanto meglio è.

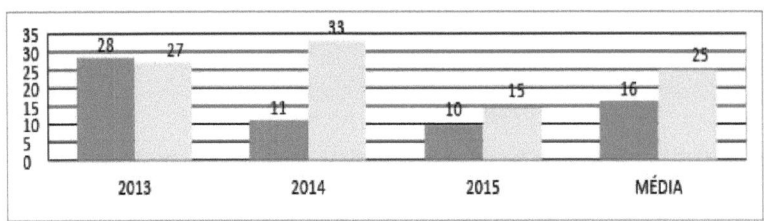

Grafico 5 - Turnover delle scorte
Fonte: Dati forniti dalle aziende e preparati dall'autore. (2017)

Il GE della società Alfa mostra un andamento sfavorevole tra i tre periodi analizzati. Con una media di 16, cioè il titolo ha girato in media 16 volte durante l'anno. Tuttavia, tale rotazione è in calo.

L'EG della società Beta mostra lo stesso andamento della società Alpha, ma con una storia diversa, con un miglioramento del fatturato nel 2014 e un ulteriore calo nel 2015. Con una media di 25, cioè il magazzino ha girato in media 25 volte durante l'anno. Più basso è il fatturato delle merci, più lungo è il tempo di ricevimento per far fronte ai pagamenti dei fornitori.

4.4. 2Tempo medio di rifornimento delle scorte

Indica il tempo medio (giorni) che intercorre tra l'acquisto di beni e la loro vendita, cioè quanto tempo (giorni) le scorte dell'azienda impiegano per rinnovarsi. Più è breve, meglio è.

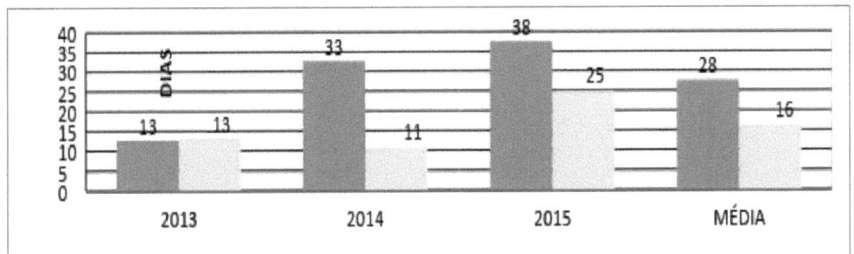

Grafico 6 - Tempo medio di rinnovo delle scorte
Fonte: Dati forniti dalle aziende e preparati dall'autore. (2017)

Il PMRE della Società Alfa mostra un andamento sfavorevole in tutti i periodi analizzati, ovvero nel 2013 il periodo medio era di 13 giorni, è salito a 33 nel 2014 ed è aumentato nuovamente a 38 nel 2015. Con una media di 28 giorni per il rinnovo delle scorte durante l'esercizio.

Il PMRE dell'azienda Beta mostra un andamento favorevole rispetto al 2014 x 2013 (11, 13), ma nel 2015 la tendenza si è invertita ed è diventata sfavorevole a causa dell'aumento del tempo di rinnovo delle scorte, che è diventato di 25 giorni. Con una media di 16 giorni.

29

4.4. 3Giro dei conti correnti

Indica la frequenza con cui l'azienda gira i propri crediti. Esamina la rapidità con cui è possibile incassare le vendite effettuate. In linea di principio, più alto è il turnover dei crediti, meglio è per l'azienda.

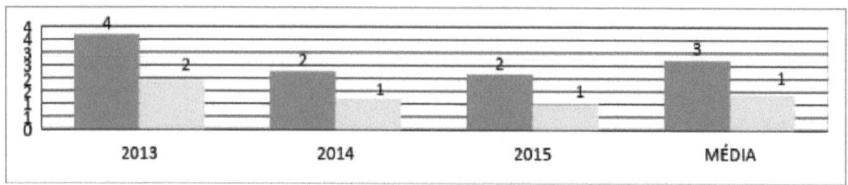

Grafico 7 - Turnover dei crediti
Fonte: Dati forniti dalle aziende e preparati dall'autore. (2017)

Il GCR della Società Alfa mostra un andamento sfavorevole, più alto tra i primi due anni e più basso nell'ultimo periodo analizzato. Con una media di 3 volte il fatturato dei crediti.

Anche il GCR della società Beta è sfavorevole, con un forte calo nel primo anno e una diminuzione negli ultimi due periodi analizzati, e presenta un fatturato medio di 1, ben al di sotto del fatturato del GCR della società Alpha.

4.2.4 Tempo medio di ricezione

Il periodo medio di incasso è il periodo che intercorre tra il momento in cui vengono effettuate le vendite e quello in cui queste vengono pagate. Indica il tempo (giorni) che l'azienda impiega in media per ricevere le vendite.

Più è lungo, più tempo l'azienda concede ai suoi clienti. L'azienda dovrebbe cercare, quando possibile, di accorciare il periodo di ricezione delle vendite. Questo accelera il flusso di cassa. È utile per valutare le politiche di credito e di incasso dell'azienda.

30

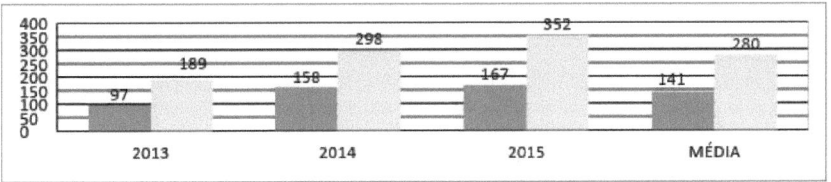

Grafico 8 - Tempo medio di ricezione
Fonte: Dati forniti dalle aziende e preparati dall'autore. (2017)

Il PMR della società Alfa mostra un andamento sfavorevole analizzando questi tre periodi e presenta una media di 141 giorni tra la vendita e la ricezione della risorsa. Il PMR della società Beta presenta una situazione ancora peggiore, con un andamento sfavorevole e una media di 280 giorni per ricevere le vendite.

4.4.5Turnover   dei Conti Fornitori

Indica la frequenza con cui l'azienda rinnova i propri debiti verso i fornitori. In linea di principio, più basso è il turnover dei debiti, meglio è per l'azienda.

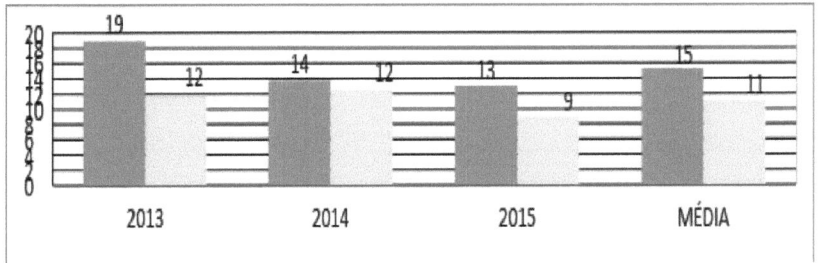

Grafico 9 - Turnover dei conti fornitori
Fonte: Dati forniti dalle aziende e preparati dall'autore. (2017)

Il PCM della società Alpha mostra un andamento favorevole analizzando i tre periodi. L'azienda Beta ha mostrato un andamento sfavorevole considerando il 2014 rispetto al 2013 e favorevole considerando il 2015 rispetto al 2014. Con un fatturato medio di 11, migliore di quello dell'azienda Alpha, perché più basso è il fatturato meglio è per l'azienda, cioè più lungo è il periodo di pagamento ottenuto con i fornitori.

31

4.4. 6Periodo medio di   pagamento

Indica il tempo (numero di giorni) che l'azienda impiega per pagare i propri fornitori. Esprime il tempo necessario ai fornitori per finanziare il capitale circolante dell'azienda. Più alto è questo indice, meglio è per l'azienda, ma a patto che non incorra in arretrati per non incorrere nel pagamento di interessi di mora.

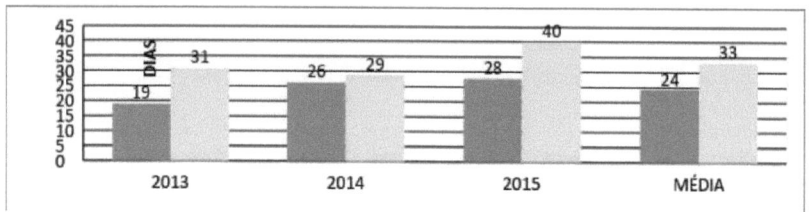

Grafico 10 - Periodo medio di pagamento
Fonte: Dati forniti dalle aziende e preparati dall'autore. (2017)

Il PMP della società Alfa mostra un andamento favorevole analizzando i tre periodi. Con un periodo medio di pagamento ai fornitori di 24 giorni.

L'azienda Beta ha mostrato un andamento sfavorevole dal 2013 al 2014, ma nel 2015 ha registrato un notevole aumento, con una media di 33 giorni. Più lunghi sono i tempi di pagamento, meglio è per l'azienda, che può ricevere le vendite prima di pagare i fornitori. Può denotare una migliore negoziazione da parte della Società Beta, se non ci sono ritardi nei pagamenti con incidenza degli interessi.

4.5 INDICATORI DEL DEBITO

Indicano la capacità di pagare gli obblighi a lungo termine o il grado di leva finanziaria. Esprimono il rapporto tra le fonti di capitale dell'azienda, cioè il capitale proprio e il capitale di terzi. Sono noti anche come indici di indebitamento, solvibilità a lungo termine o struttura finanziaria.

4.5. 1 Indice di   indebitamento generale (GEI) o rapporto di indebitamento (ED).

Serve a guidare il processo decisionale dell'azienda in relazione all'ottenimento e

all'investimento di risorse. Rappresenta il grado di indebitamento della stessa. Ovvero il rapporto

percentuale tra capitale proprio e capitale di terzi.

Quanto più alto è questo rapporto, tanto maggiore è il grado di indebitamento dell'azienda e

la sua leva finanziaria. Questo rapporto indica, in termini percentuali, la quota di attività e diritti

dell'azienda finanziata da capitale di terzi.

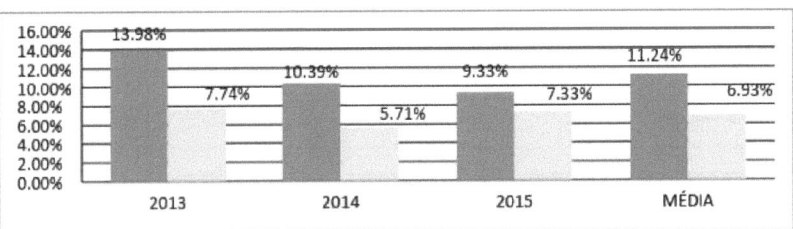

Grafico 11 - Indice di indebitamento generale
Fonte: Dati forniti dalle aziende e preparati dall'autore. (2017)

L'IEG della società Alfa mostra una tendenza al ribasso nei tre anni analizzati. Con una

media dell'11,24%, cioè, il grado di indebitamento è in calo nei tre periodi. Già l'IEG della Società

Beta presenta un andamento decrescente dal 2013 al 2014 ed è elevato nel 2015 al 7,33%, ovvero il

grado di indebitamento è più elevato presentando una media del 6,93%. Tuttavia, è inferiore

all'indebitamento dell'azienda Alpha. Ciò significa che l'azienda Alpha ha una media dell'11,24% di

capitale di terzi e l'azienda B del 6,93%.

4.5.2 Indice di indipendenza finanziaria

Indica, in percentuale, quanta parte del finanziamento dell'azienda proviene da risorse

proprie. Maggiore è questa percentuale, minore è il capitale di terzi.

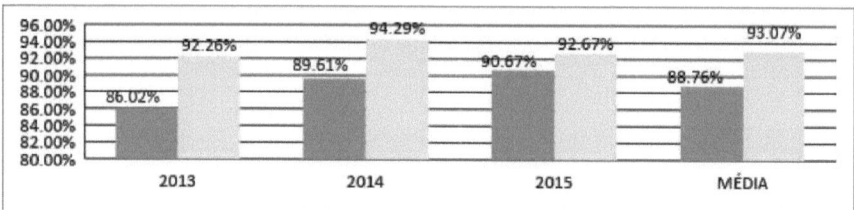

Grafico 12 - Indice di indipendenza finanziaria
Fonte: Dati forniti dalle aziende e preparati dall'autore. (2017)

L'IIF della società Alfa mostra un andamento favorevole nei tre anni analizzati. Con una media dell'88,76%, la percentuale di risorse di terzi è molto inferiore a quella del capitale proprio. Il Beta aziendale mostra un andamento favorevole tra il 2013 e il 2014, ma cala nel 2015. Con una media del 93,07%, la percentuale di risorse di terzi è molto bassa rispetto al capitale proprio.

4.5.3 Indice di struttura degli investimenti

Indica, in percentuale, quanta parte dell'investimento totale è a lungo termine. Più è alto, maggiore è la quantità di investimenti a lungo termine.

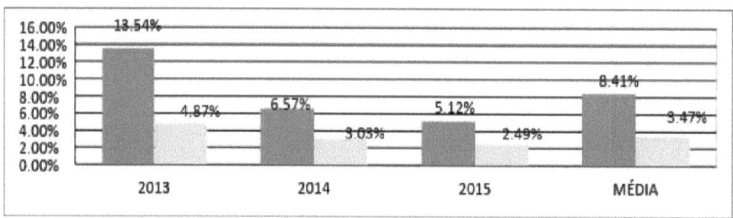

Grafico 14 - Indice di struttura degli investimenti
Fonte: Dati forniti dalle aziende e preparati dall'autore. (2017)

L'IEI della società Alfa mostra una tendenza sfavorevole nei tre anni analizzati. Con una media dell'8,41%, la percentuale di investimenti a lungo termine è in diminuzione.

Lo stesso vale per la società Beta. Con una media del 3,47%, la percentuale di investimenti a lungo termine è in calo. Un indicatore molto più basso rispetto alla società Alpha, il che denota che la società Alpha ha più investimenti a lungo termine.

4.6 PROFITTABILITÀ

Interpretano la performance complessiva dell'azienda e la sua capacità di generare profitti,

ovvero il rendimento dell'investimento effettuato nell'azienda.

4.6.1 Margine lordo

Misura la percentuale di ogni vendita in unità monetarie che rimane dopo che l'azienda ha

pagato i suoi prodotti. Più l'indice è alto, meglio è.

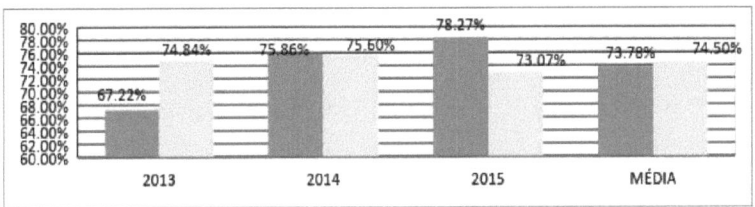

Grafico 15- Margine lordo

Fonte: Dati forniti dalle aziende e preparati dall'autore. (2017)

Il MB della società Alfa ha mostrato un trend positivo nel periodo analizzato e ha una media

del 73,78%. L'azienda Beta ha mostrato un'oscillazione positiva dal 2013 al 2014, ma nel 2015 è stata

inferiore al livello del 2013 e ha presentato una media del 74,50%. Più alto è il margine lordo, meglio

è per l'azienda, quindi la media dell'azienda Beta è migliore, nonostante il calo, ma analizzando gli

ultimi due anni il margine lordo dell'azienda Alpha è migliore.

4.6.2 Margine operativo

Misura la percentuale di ogni vendita in unità monetarie che rimane dopo che l'azienda ha

pagato tutti i costi e le spese (tranne gli interessi e le imposte sul reddito). Più è alto, meglio è.

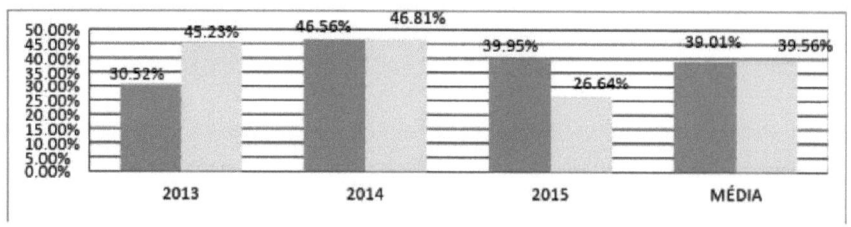

Grafico 16 - Margine operativo

Fonte: Dati forniti dalle aziende e preparati dall'autore. (2017)

Dopo aver pagato tutti i costi e le spese di vendita, l'azienda Alpha ha un margine operativo medio del 39,01%. L'azienda Beta ha un margine medio del 39,56%.

L'OM della società Alpha è favorevole dal 2013 al 2014, ma diminuisce nel 2015, anche se è superiore a quello del 2013. L'azienda Beta, invece, ha mostrato un andamento favorevole nel 2014, ma è diminuita drasticamente nel 2015.

4.6. 3Margine di   rete

Misura la percentuale di ogni vendita in unità monetarie che rimane dopo che l'azienda ha pagato tutti i costi e le spese, compresi gli interessi e le imposte sul reddito.

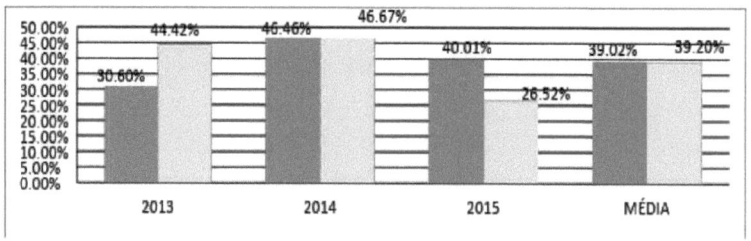

Grafico 17 - Margine netto

Fonte: Dati forniti dalle aziende e preparati dall'autore. (2017)

Dopo aver pagato tutti i costi e le spese di vendita, compresi gli interessi e le imposte, la società Alpha ha un margine netto medio del 39,02%. L'azienda Beta ha un margine medio del 39,20%. Entrambe presentano un andamento favorevole rispetto al periodo 2013-2014 e sfavorevole rispetto al 2015. Tuttavia, l'azienda Alpha ha un risultato migliore (40,01%) rispetto a B (26,52% - forte calo del margine netto) per il periodo 2015.

4.6.4 Rendimento delle attività totali (ROA)

Misura l'efficienza complessiva dell'azienda nel generare profitti dalle attività disponibili. In linea di principio, più alto è il ritorno sugli investimenti, meglio è per l'azienda.

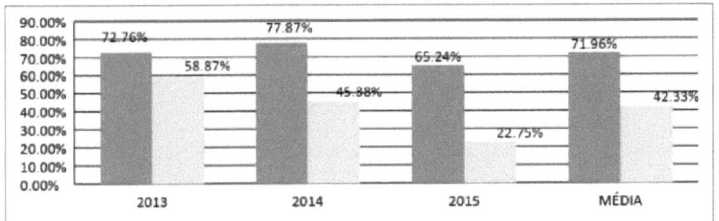

Grafico 18 - Rendimento delle attività totali
Fonte: Dati forniti dalle aziende e preparati dall'autore. (2017)

Il ROA della società Alfa mostra un andamento favorevole nei primi due periodi analizzati, ma cala nel 2015, pur avendo un'ottima media del 71,96%.

Il ROA della società Beta mostra un andamento sfavorevole nei tre periodi, con un forte calo nel 2015, ma in media presenta un ROA del 42,33%.

Analizzando le due società, la società A ha sempre un ROA migliore della società Beta per tutto il periodo.

4.6.5 Rendimento del capitale proprio (ROE)

Misura il rendimento del capitale investito dai proprietari dell'azienda. In linea di principio, più alto è il rendimento del capitale proprio, meglio è per i proprietari.

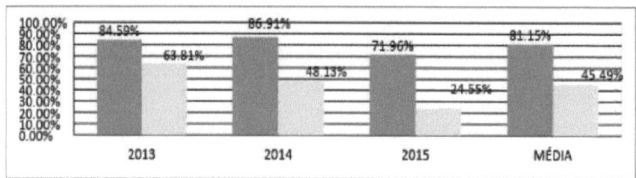

Grafico 19 - Rendimento del capitale proprio
Fonte: Dati forniti dalle aziende e preparati dall'autore. (2017)

Il ROE della società Alpha mostra un aumento nei primi due periodi analizzati e un calo

nell'ultimo anno del 2015, ma ha un'ottima media dell'81,15%%. La società Beta ha una media molto

più bassa, pari al 45,49%, e una forte tendenza al ribasso nei tre anni analizzati.

4.7 . STEPHEN KANITZ TERMOMETRO DELL'INSOLVENZA

Un'azienda con un IF compreso tra 0 e 7 si trova nella fascia di solvibilità, cioè si allontana

sempre di più dall'ipotesi di fallimento; un'azienda con un IF compreso tra 0 e -3 si trova nella

cosiddetta "regione della penombra" (non definita), dove l'IF da solo non è sufficiente a determinare

il rischio di fallimento dell'azienda.

Un'azienda con un IF compreso tra -3 e -7 è in zona di insolvenza, cioè si trova in una

situazione estremamente delicata che potrebbe portare al fallimento.

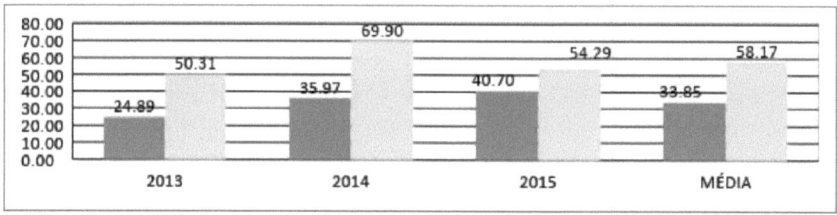

Grafico 20 - Fattore di insolvenza
Fonte: Dati forniti dalle aziende e preparati dall'autore. (2017)

Considerando il grafico precedente, entrambe le società si trovano nella fascia di solvibilità,

in quanto i loro fattori di insolvenza medi sono ben al di sopra di 0.

CAPITOLO 5

CONCLUSIONE

Concludendo l'analisi verticale, si suggerisce un'osservazione più attenta di questo aumento del conto clienti e del suo effettivo pagamento da parte degli operatori e del trasferimento delle banche alle rispettive aziende, in quanto ha causato una significativa diminuzione del conto **disponibile**. Questo impatto potrebbe causare un maggiore fabbisogno di capitale circolante (si suggerisce anche di analizzare il flusso di cassa per osservare l'impatto sul capitale circolante).

Si raccomanda che l'azienda Alfa analizzi attentamente le proprie spese generali e che l'azienda Beta analizzi attentamente sia le spese generali che quelle di struttura, con maggiore enfasi su queste ultime. L'utile netto delle due aziende ha subito una contrazione nel 2015, anno di recessione, ma l'azienda Alfa non ha subito un calo così significativo, il che riflette il fatto che i due conti principali CMV e Spese generali hanno subito un'elevata pressione per l'azienda Beta.

L'azienda Alfa presenta un indicatore di utile netto migliore, con il 30,60%, il 46,46% e il 40,01% rispettivamente per gli anni 2013, 14 e 15. L'azienda Beta ha presentato un utile netto del 44,42%, del 46,67% e del 26,52% per gli anni dal 2013 al 2015. Forte calo per l'azienda B nel 2015.

Prendendo in considerazione l'Analisi Verticale, si può notare che le percentuali in relazione al conto disponibile devono essere valutate meglio, in quanto si tende a perdere l'opportunità di lasciare il denaro senza redditività, in quanto avrebbe potuto essere applicato o, da un altro punto di vista, può denotare un budget momentaneo per qualche pagamento.

Nel conto economico, la società Alfa ha registrato un aumento degli oneri fiscali, ma l'indicatore è molto elevato (2.827%) e merita un'analisi più dettagliata.

La liquidità corrente non valuta la qualità del magazzino (le scorte sono sopravvalutate, obsolete, i crediti sono pienamente esigibili?). Ciò che va osservato in questo caso è se non ci sono perdite nell'opportunità di guadagno, cioè come viene trattato questo capitale, se è redditizio o se è fermo. L'azienda deve anche essere cauta quando conta sulle scorte come disponibilità per l'adempimento degli obblighi, poiché dipende dalla realizzazione della vendita per avere effettivamente il capitale in mano.

La Liquidità secca (crediti disponibili e duplicati) rivela che più alto è l'indice, migliore è la situazione dell'azienda. Inoltre, in questo indicatore la società Beta presenta una performance migliore, tuttavia è necessario osservare se non vi sia una perdita di opportunità già segnalata nell'indicatore precedente.

Gli indici di attività mostrano che per quanto riguarda la durata media del rinnovo delle scorte si osserva che l'azienda Alpha è in svantaggio con 28 giorni contro i 16 dell'azienda Beta, in quanto si tratta di aziende che operano nel campo della ristorazione e del self service; più lunga è la durata del rinnovo delle scorte, maggiore sarà l'impatto negativo per l'azienda. Ricordiamo che l'ideale è che il periodo di rinnovo sia più breve, meglio è. Le scorte stagnanti richiedono un maggiore controllo, più spazio per lo stoccaggio, un maggiore rischio di deviazioni, un capitale vincolato, oltre ad altri problemi.

Per quanto riguarda il turnover dei crediti, più è alto il turnover, più velocemente l'azienda è in grado di ricevere le sue vendite, cioè l'azienda Alfa è in grado di ricevere le sue vendite più velocemente ruotando 3 volte il suo inventario contro una sola rotazione dell'azienda Beta.

Per quanto riguarda il periodo medio di ricevimento, è necessario cercare, quando possibile, di ridurre il periodo di ricevimento delle vendite. In questo modo si accelera l'entrata dei contanti. In questo caso, che va dal momento in cui viene effettuata la vendita della merce fino all'incasso, si è riscontrato che gli indici presentati sono molto alti, essendo di 141 giorni per l'azienda Alpha e di 280 giorni per l'azienda Beta.

In relazione agli indicatori di indebitamento, la società Alpha ha l'11,24% del capitale di terzi e B il 6,93%. Per sapere se queste percentuali sono positive per le società, sarà necessario calcolare la Leva Finanziaria, che non era l'oggetto di questo lavoro, a causa dei numerosi indicatori esistenti già presentati qui. Le due società hanno sempre presentato un saldo zero nelle Passività non correnti (obbligazioni a lungo termine).

Entrambe le società stanno sperimentando l'efficienza nell'utilizzo delle loro attività, secondo i risultati dei margini lordi, operativi e netti. I loro ROA e ROE rafforzano i guadagni nella redditività del capitale investito e del patrimonio netto. Considerando la media delle due società, l'azienda B ha un margine operativo migliore, ma analizzando l'ultimo anno (2015) isolatamente, l'azienda Alfa ha un risultato migliore. Entrambe hanno presentato un'ottima performance nel 2014, con la B che ha avuto una proiezione maggiore.

Il ROE della società Alpha offre agli investitori un rendimento superiore alla media del mercato, con un indice medio dell'81,15%, rispetto al 45,49% della società Beta. Questo risultato è dovuto all'efficienza operativa della società e all'efficiente utilizzo degli asset. Riflette qui il totale delle attività che la società Alpha ha presentato e che, secondo l'analisi orizzontale, ha registrato un aumento del 56% nel 2014 e una riduzione del 5% nel 2015, mentre la società Beta ha presentato un aumento del 41% (2014) e del 12% nel 2015. Per quanto riguarda l'utile netto, la società Alpha ha ottenuto il 67% (2014) e una riduzione del 20% nel 2015. Già la società Beta ha registrato un aumento del 9% (2014) e una riduzione del 44% nel 2015.

Analizzando il termometro dell'insolvenza, entrambe le società non sono a rischio di fallimento. Ma l'azienda Beta è più solida con un fattore di 58,17, mentre l'azienda Alfa ha un fattore di 33,85. Secondo Azzolin (2017), l'analisi finanziaria di un'azienda va oltre il calcolo degli indicatori. È necessario prendere in considerazione numerosi aspetti interni ed esterni dell'azienda, poiché si tratta di organismi viventi che subiscono e causano influenze nell'ambiente in cui operano.

RIFERIMENTI

ANDER-EGG, Ezequiel. *Introducción a las técnicas de investigación social:* para trabajadores sociales. 7. ed. Buenos Aires: Humanitas, 1978. p. 28.

ANHEMBI. **Popolazione, campione e campionamento**. Disponibile all'indirizzo: http://www2.anhembi.br/html /ead01/metodologia-pesquisa-cientifica-sequencial/lu02/lo1/index.htm. Consultato il 23 novembre 2015.

ASSAF NETO. A. **Fondamenti di gestione finanziaria** / Alexandre AssafNeto, Fabiano GuastiLima. - San Paolo: Atlas,

2010, p. 08.

AZZOLIN, J. L. **Analisi dei bilanci** / José Laudelino Azzolin. - Curitiba, PR: IESDE, Brasile, 2012. Disponibile all'indirizzo < https:// issuu.com/rangelrenato0/docs/demonstracoes_ analise_das_demonstra>. Accesso a marzo 2017.

CNC. Il **CNC prevede un calo del 4% delle entrate del settore dei servizi nel 2016**. Disponibile su: http://cnc.org.br/noticias/economia/cnc-preve-queda-de-4-na-receita-do-setor-de-servicos-em-2016. Accesso ad agosto 2016A.

CNC. **Indagine sulle intenzioni di consumo delle famiglie (ICF)**. Disponibile all'indirizzo: http://cnc.org.br/central-do-conhecimento/pesquisas/economia/pesquisa-de-intencao-de-consumo-das-familias-ic f-novemb-1. Consultato il novembre 2016B.

COLLIS, J. Management research: a practical guide for undergraduate and postgraduate students / Jill Collis and Roger Hussey ; transl. - 2. ed. - Porto Alegre : Bookman, 2005, pp. 26, 70-71.

COSTA, L. G.T. A. **Análise econômico-financeira de empresas** / Luiz Gulherme Tinoco Aboim Costa, Andréia Fátima Fernandes Limeira, Hiram de Melo Gonçalves, Ueliton Tarcísio de Carvalho - 1]2. 2ed. - Rio de Janeiro: Editora FGV, 2009.

ECONOMIA. **Comprendere la crisi finanziaria negli Stati Uniti**. Disponibile all'indirizzo: <http://economia. uol.com.br/ultnot/2008/03/31/ult4294u1176.jhtm>. Consultato il 20.02.2017.

EMPRESÔMETRO. **Istituto brasiliano di pianificazione e tassazione** (IBPT). Disponibile all'indirizzo: <http://empresometro.cnc.org.br/Estatisticas>. Consultato il 02.03.17

Epoca.Globo.com. La **crisi ha influito sulla vita delle aziende, come mostra l'IBGE**. Disponibile su http://epoca.globo.com/tempo/noticia/2016/09/crise-afetou-em-cheio-vida-util-de-empresas-mostra-ibge.html. Accesso al 16 marzo 2017.

FONSECA, J. W. F. da. Amministrazione finanziaria e di bilancio. Curitiba: IESDE Brasil S/A: 2009.

GIL, A. C. **Métodos e Técnicas de Pesquisa Social**. 6ª Ed. São Paulo: Atlas, 2008, pp. 50-51.

KASSAI. J.R. S. Il termometro dell'insolvenza di Kanitz. Disponibile all'indirizzo: https://pt.scribd.com/document/61399619/Revelando-o-Termometro-de-Insolvencia-de-Kanitz. Accesso al 16 marzo 2017, pag. 3.

LAKATOS, Eva Maria. **Fondamenti di metodologia scientifica** / Marina de Andrade Marconi, Eva Maria Lakatos. - 5. ed. - São Paulo : Atlas 2003, p. 163.

SALAZAR, G. T. **Fondamenti di finanza aziendale: teoria e applicazioni pratiche**. San Paolo: Atlas, 2010.

SANTINON. E.P. **La crisi greca e il suo impatto sull'economia mondiale**. Disponibile all'indirizzo: <http://www.ambito-juridico.com.br/site/index.php?n_link=revista_artigos_leitura&artigo_id=8051>. Accesso al 20 febbraio 2017

SEBRAE/NAZIONALE. **Statistiche delle MSE secondo il Centro Servizi - Brasile**. 2014/2015.

SILVA, M. C. **Principi di amministrazione finanziaria**. Formazione a distanza Unisa. Disponibile all'indirizzo: <https://issuu.com/apogeu/docs/princpios_de_administrao_fina>. Consultato il 14 marzo 2017.

SOUZA, C. R. L. B. ; DANJOUR, M. F. ; MEDEIROS, B. C. ; ANEZ, M. E. M. KNOWLEDGE MANAGEMENT AND INNOVATION: a case study in a restaurant in Natal/RN. **Empírica BR - Brazilian Journal of Management, Business and Information Technology**, v. 1, p. 67-79, 2015.

VERGARA, S. C. **Projetos e relatórios de pesquisa em administração**. PUC Minas, SÃO PAULO EDITORA ATLAS S/A; 1998 pagine 45, 45-47.

Printed by Books on Demand GmbH, Norderstedt / Germany